ANALIZA KSIĄŻKI

AF131752

Egzystencjalizm i humanizm

• • • • • • • • • • • • • •

Jean-Paul Sartre

ANALIZA KSIĄŻKI

Napisany przez Vincent Guillaume
Przetłumaczony przez Kâmil Kowalski

Egzystencjalizm i humanizm

* *

Jean-Paul Sartre

JEAN-PAUL SARTRE

FRANCUSKI PISARZ I INTELEKTUALISTA

- **Urodził się w Paryżu w 1905 roku.**
- **Zmarł w Paryżu w 1980 roku.**
- **Godne uwagi prace:**
  - *Mdłości* (1938), powieść
  - *No Exit* (1944), sztuka
  - *Słowa* (1964), autobiografia

Jean-Paul Sartre był francuskim pisarzem i filozofem. Urodził się w Paryżu w 1905 roku, a zmarł w 1980 roku. Sławiony i jednocześnie odrzucany za swoje egzystencjalistyczne myślenie, jest autorem kilku esejów, takich jak *Bycie i nicość* (1943) i *Egzystencjalizm i humanizm* (1946). Napisał również kilka tekstów literackich, w których jego filozofia i jego definicja literatury są silnie obecne, w tym *Mdłości,* powieść opublikowana w 1938 roku, *Muchy,* sztuka, która po raz pierwszy ukazała się w 1943 roku, i *No Exit,* opublikowana w 1944 roku.

W 1964 roku odrzucił literacką Nagrodę Nobla i opublikował *Słowa*, autobiograficzną opowieść o swojej młodości. Znany również jako partner Simone de Beauvoir (francuska pisarka, 1908-1986), Sartre wywarł silne wrażenie na swoich odbiorcach zarówno swoimi pismami, jak i skrajnie lewicowymi poglądami politycznymi.

EGZYSTENCJALIZM I HUMANIZM

ZROZUMIENIE EGZYSTENCJALIZMU SARTREJSKIEGO

- **Gatunek**: esej filozoficzny

- **Wydanie źródłowe**: Sartre, J.P. (1948) *Egzystencjalizm i humanizm*. Trans. Mairet, P. London: Meuthen & Co. Ltd.

- **Pierwsze wydanie**: 1946

- **Tematy:** filozofia, wolność, odpowiedzialność, zaangażowanie, ateizm

Existentialism and Humanism (1946, wydany po raz pierwszy w języku angielskim w 1948) jest retransmisją, z niewielkimi zmianami dokonanymi przez Sartre'a, wykładu, który wygłosił w 1945 roku w Club Maintenant, powstałym po wyzwoleniu Francji. Wykład cieszył się ogromnym powodzeniem, co mówi o sławie Sartre'a, choć sławie tej towarzyszyło często słabe zrozumienie samego filozofa. Jest to jeden z powodów, dla których Sartre zdecydował się na to wystąpienie.

Sartre wyjaśnia w niej, na czym naprawdę polega jego filozofia, odpowiada na wysuwane pod jego adresem zarzuty, przedstawia człowieka w pełnym wymiarze jego wolności i odpowiedzialności, dowodzi, że egzystencjalizm, daleki od pesymizmu, opowiada się za działaniem i zaangażowaniem.

STRESZCZENIE

ISTNIENIE POPRZEDZA ISTOTĘ

Sartre wyłożył główne zarzuty stawiane egzystencjalizmowi:

- Komuniści widzą w nim burżuazyjną filozofię nierealnych działań;

- Katolicy postrzegają ją jako filozofię pesymistyczną, która neguje znaczenie ludzkich wysiłków, a jednocześnie eliminuje wartości boskie.

Wszyscy oskarżają egzystencjalizm o lekceważenie ludzkiej solidarności poprzez podmiotowość izolującą jednostkę. Ogólnie rzecz biorąc, ludzie uważają egzystencjalizm za smutny i brzydki, nawet jeśli "mądrość ludu" (s. 24) wydaje się Sartre'owi równie przygnębiająca.

Według ateistycznego egzystencjalizmu istnienie poprzedza istotę. Przed Sartrem filozofowie uważali, że człowiek jest zdeterminowany przez naturę ludzką, jak przedmiot wytworzony, którego istota poprzedza jego istnienie (jego użycie, sposób produkcji i wszystko inne, co go określa, poprzedza i określa jego wytworzenie). Ale dla Sartre'a "człowiek […] pojawia się w świecie – i określa się po nim" (s. 28): nie ma więc natury ludzkiej, a człowiek staje się tym, co sam z siebie robi, a nawet tym, czym chce być.

Człowiek postrzegany jest jako projekt. Jest on odpowiedzialny za siebie, a egzystencjalizm chce mu to uświadomić.

Filozofia ta wychodzi od podwójnej podmiotowości, zarówno indywidualnej, jak i osobistej. Wybierając i działając indywidualnie z intencją stania się tym, kim chcemy być, czynimy z siebie projekt, który jest cenny dla wszystkich, ponieważ to, co uważamy za właściwy wybór dla siebie, odzwierciedla obraz człowieka takim, jakim według nas powinien być. Świadomość takiej odpowiedzialności za siebie i innych, kiedy człowiek musi dokonać wyboru nie wiedząc, których wartości się trzymać, może powodować udrękę.

ZAPOTRZEBOWANIE NA WYBÓR

Wobec nieistnienia Boga człowiek pozostaje w stanie opuszczenia (pojęcie egzystencjalistyczne idące w parze z udręką), a jego zadaniem jest wyciągnięcie własnych wniosków: to, co dobre, nie jest już nigdzie zapisane ani teoretycznie możliwe do określenia. Wybór zostaje więc oddany samemu człowiekowi, który jest "skazany na wolność" (s. 34): jest całkowicie odpowiedzialny za swoje namiętności, a także za swoją interpretację świata. Sartre podaje przykład studenta, który jest rozdarty między dwoma wyborami: pozostać przy matce lub porzucić ją w jej rozpaczy i wstąpić do ruchu oporu, aby pomścić brata i pomóc ojczyźnie. Stojąc przed tak niemożliwą decyzją, człowiek musi wybrać między dwoma rodzajami moralności:

- Natychmiastowa, indywidualna pomoc;

- Działanie na większą skalę, czyli bardziej niejednoznaczne (kto może przewidzieć, czy odegra ważną rolę, czy mało znaczącą?).

Żadna sztywna doktryna nie może rozwiązać tego dylematu. Wybór według tego, co wydaje się słuszne, jest również złudny, ponieważ decyzję o tym, że ostatecznie bardziej cenisz swoją matkę niż kraj, można udowodnić tylko poprzez rzeczywiste przebywanie z nią, a nie tylko poprzez wyobrażenie sobie tego. Podobnie wybierając kogoś, kto ma nam doradzać, już zdecydowaliśmy, jaką odpowiedź chcemy usłyszeć.

Aby działać, człowiek musi brać pod uwagę prawdopodobieństwa, które bezpośrednio dotyczą jego działania i czynią je możliwym. Zostanie marksistą oznaczałoby liczenie na dobrze zjednoczoną partię i na towarzyszy, którzy będą walczyć do końca, ale bardzo możliwe, że tak się nie stanie, bo ci inni marksiści też są wolni. Nie należy jednak brać pod uwagę prawdopodobieństwa, że partia międzynarodowa będzie zjednoczona lub nie, ponieważ nie zależy to od woli osoby, która do niej wstępuje.

W związku z tym człowiek musi działać bez nadziei i bez złudzeń, ale też nie może się poddawać i robić wszystko, co w jego mocy, by osiągnąć sukces: egzystencjalizm jest moralnym kodeksem zaangażowania. Krytyka cichego podejścia (preferującego kontemplację nad działaniem) jest więc bezpodstawna: przeciwnie, egzystencjalizm uważa, że człowiek istnieje tylko poprzez swoje działanie: bez tego jest niczym. Próba usprawiedliwienia rezygnacji z marzeń przez myślenie, że gdyby nie okoliczności, miałby potencjał, by je zrealizować, jest niedopuszczalna. Bohaterowie powieści Sartre'a bulwersują czytelników, ponieważ nie są przedstawieni jedynie jako tchórzliwi czy źli, ale pokazują, że są nimi za pomocą swoich działań i wyborów. "To, co ludzie woleliby, to urodzić się albo tchórzem, albo bohaterem" (s. 43): ten deterministyczny sposób myślenia jest uspokajający, ponieważ sugeruje, że jeśli jest się tchórzem, nie można nic z tym zrobić.

Jeśli nie istnieje natura ludzka, to człowiek posiada jednak pewną uniwersalność (bycie w świecie, bycie śmiertelnym, bycie wolnym i tak dalej), którą nazywa się jego kondycją i która określa go zarówno obiektywnie – ponieważ jest uniwersalna – jak i subiektywnie, ponieważ ta uniwersalność jest niczym, jeśli nie można go określić w odniesieniu do niej. I właśnie w tej sytuacji, czyli w określonym kontekście społeczno-historycznym, człowiek definiuje się w odniesieniu do uniwersalności ludzkiej kondycji. Czyni to w wielości indywidualnych projektów, które mimo to nigdy nie są mu całkowicie obce, ponieważ zawsze opierają się na tych samych uniwersalnych cechach człowieka, w tym na wolności (która pozwala człowiekowi określać siebie poprzez dokonywane wybory). Wybór jest absolutem, elementem ludzkiej kondycji, a każde kolejne działanie będzie zrozumiałe dla każdego w dowolnym przedziale czasowym, nie tracąc przy tym swojej relatywności wynikającej z konkretnej sytuacji, w której zostało dokonane.

Krytyka egzystencjalizmu dotycząca jego rzekomego subiektywizmu ("Wtedy nie ma znaczenia, co robisz", s. 47) jest bezpodstawna, ponieważ wybór jest nieuniknionym absolutem: w obliczu sytuacji wybór, by nie wybierać, nie jest opcją, lecz złudzeniem. Z drugiej strony, choć nie mamy skali wartości, do której moglibyśmy się odwołać, wybór nie jest ani działaniem bezinteresownym, ani kaprysem, gdyż dokonuje się w chwili i angażuje całą ludzkość.

INNI, WARUNEK NASZEGO ISTNIENIA

Egzystencjalizm czyni z cogito Kartezjusza (francuski filozof, matematyk i fizyk, 1596-1650) jedyną prawdę absolutną: świadomość odnajduje siebie i może się przekonać, że istnieje przez sam fakt myślenia. Jednak w egzystencjalizmie nie tylko poznajemy siebie poprzez cogito, ale także odkrywamy innych: "jesteśmy tak samo pewni innego, jak siebie samych" (s. 45). Co więcej, inny jest warunkiem naszej egzystencji w tym sensie, że możemy być zdefiniowani (na przykład jako średniacy, duchowi i tak dalej) tylko w odniesieniu do tego, jak widzą nas inni. Uznając innego za "wolność, która konfrontuje się z moją i nie może myśleć bez robienia tego albo przeciwko mnie, albo dla mnie" (s. 45), odkrywamy międzypodmiotowość, świat, w którym ludzie definiują się nawzajem.

Jeden z zarzutów wobec egzystencjalizmu brzmi: "Nie jesteś w stanie osądzać innych" (s. 50). Jeśli człowiek wybiera swój plan jasno i szczerze, to rzeczywiście nie ma czego krytykować. Możemy jednak ocenić, że wybory są oparte na prawdzie i spójności, a inne na złej wierze, np. odmowa wolności lub zasłanianie się determinizmem. Co więcej, wolność jest ostatecznym sensem aktów dobrej wiary, a ta wolność jako cel (a nie jako element ludzkiej kondycji) zależy od wolności dla wszystkich: czyniąc swoją własną wolność celem, nie można nie uczynić wolności wszystkich również celem. W odniesieniu do autentyczności możemy zatem oceniać tych, którzy tej wolności odmawiają. Sartre nazywa tych, którzy wymyślają deterministyczne usprawiedliwienia tchórzami, a tych, którzy twierdzą, że ludzkie istnienie było konieczne (innymi słowy, tych, którzy uważają je za prawo, a nie za przypadek, i dlatego postrzegają swoje pozycje i przywileje jako ostateczne) szumowinami.

Ostatnia krytyka twierdzi, że "wasze wartości nie są poważne, ponieważ sami je wybieracie" (s. 54). Sartre odpowiada, że gdy wyeliminuje się Boga, nie ma innego rozwiązania. Teoretycznie życie nie ma sensu: to człowiek nadaje mu sens, żyjąc nim. Wspólnota ludzka jest więc możliwa, co sprowadza Sartre'a do mówienia o dwóch formach humanizmu: forma klasyczna, którą krytykował w swoich pismach, gloryfikuje człowieczeństwo jako cel i wyższą wartość: humanizm egzystencjalistyczny zwalnia człowieka z osądzania samego siebie, nie uważa go za artykuł skończony, ponieważ jest on zawsze dziełem w toku. Postrzega człowieka jako istniejącego dzięki próbie osiągnięcia transcendentnych celów, dzięki pogoni nie za tym, czym jest, ale za tym, czym może się stać, cały czas pozostając na ludzkiej płaszczyźnie własnej podmiotowości. Jest to humanizm, ponieważ człowiek jest uważany za jedynego twórcę praw, znajdując spełnienie w poszukiwaniu celów, które są poza nim.

KONTEKST

PRZECIWSTAWIANIE SIĘ KONTROWERSYJNEJ SŁAWIE

Kiedy Sartre wygłosił swój wykład *Egzystencjalizm i humanizm*, był już bardzo dobrze znany z dzieł literackich, takich jak *Mdłości* i dwa pierwsze tomy *Dróg do wolności* (*The Age of Reason* i *The Reprieve,* 1945, wydane po raz pierwszy w języku angielskim w 1947 roku), które właśnie wydał. Literatura, która oferuje bardziej przystępne spojrzenie na jego umysł, jest równoległym rozwojem filozofii, którą rozwijał od lat 30. i której kulminacją było *Bycie i nicość (*1943). Ten złożony tekst filozoficzny przyczynił się do potwierdzenia sławy Sartre'a, kosztem słabego zrozumienia jego twórczości.

Ludzie źle oceniali egzystencjalizm i łączyli go z brzydotą i cynizmem, podobnie jak literackie postacie Sartre'a, które są tchórzliwe i przerażająco jednoznaczne. Prasa wykorzystywała najbardziej szokujące fragmenty pism Sartre'a zupełnie wyrwane z kontekstu. Intelektualiści, nie próbując nawet go zrozumieć, po prostu naznaczyli go nieludzkim i amoralnym, a jego filozofię wolności potępili jako filozofię rozpaczy:

- Marksiści zarzucali mu cichość i niezdolność do wykraczania poza siebie w pojmowaniu świata.

- Katolicy oskarżali go o eliminowanie wartości moralnych, które obowiązywały od zarania dziejów, a wszystko to w imię wolności. Uważali też, że swoim niebezpiecznym relatywizmem podważa wszystko, co ludzkość osiągnęła.

Sartre był więc pisarzem skandalizującym, nawet jeśli opinia pozostawała podzielona. Jego twórczość rzeczywiście znalazła zwolenników i była chwalona za wartość literacką. Została też entuzjastycznie przyjęta przez młodą publiczność, czyli tych samych ludzi, których Sartre oskarżał o próby korumpowania.

Wydaje się więc naturalne, że Sartre próbowałby wyprostować historię, odpowiadając swoim krytykom. W ten sposób uzasadnił swój egzystencjalizm i zagwarantował mu miejsce w ówczesnym krajobrazie intelektualnym. Nie był to zresztą jego pierwszy krok na tej drodze: już w grudniu 1944 roku tłumaczył się na łamach komunistycznego tygodnika « *Action* » i właśnie założył czasopismo « *Les Temps Modernes* » (Czasy *Nowoczesne*), którego pierwszy numer ukazał się w październiku 1945 roku, aby zapewnić ścisłe przestrzeganie jego doktryny. Ogólnie rzecz biorąc, Sartre chciał iść w kierunku idei lewicy i walczyć o wspólnotę u boku komunistów, nie czyniąc przy tym żadnych ideologicznych ustępstw.

FILOZOFIA ISTNIENIA

Nowość tego wykładu polega na tym, że ustanawia on filozofię egzystencjalistyczną jako jasno określoną doktrynę. Przyszło to jednak dość niespodziewanie, gdyż wcześniej Sartre popierał fenomenologię Edmunda Husserla (niemiecki filozof i logik, 1859-1938) i Martina Heideggera (niemiecki filozof, 1889-1976).

Jednym z celów jego krótkiego wystąpienia było odróżnienie jego ateistycznego egzystencjalizmu od egzystencjalizmu chrześcijańskiego reprezentowanego przez myślicieli takich jak Gabriel Marcel (francuski pisarz i filozof, 1889-1973) i Karl Jaspers (niemiecki filozof i psychiatra, 1883-1969), ponieważ egzystencjalizm dla ogółu społeczeństwa to Sartre. Sartre jednak początkowo odrzucił termin "egzystencjalizm", który – jak widział – został mu narzucony, wolał mówić o filozofii egzystencji. Ale bez względu na to, jak ją nazywano, myśl, którą Sartre zapisał w doktrynie, miała już swoją własną tradycję, z własnymi wpływami, których jej twórca nie próbował ukrywać.

- W odniesieniu do analizy egzystencjalistycznej udręki, między innymi elementami, Sartre był w znacznym stopniu zainspirowany twórczością **duńskiego filozofa Sørena Kierkegaarda** (1813-1855), którego wiąże również z egzystencjalizmem chrześcijańskim w *Egzystencjalizmie i humanizmie*.

- Sartreański egzystencjalizm ma **ważne podstawy fenomenologiczne** (fenomenologia to badanie zjawisk, tego, co jawi się naszej świadomości. Została ona po raz pierwszy rozwinięta przez niemieckiego filozofa Edmunda Husserla na początku XX wieku). Zainspirowany teorią intencjonalności Husserla, zgodnie z którą świadomość musi być świadoma czegoś (bez czego jest niczym), Sartre sugeruje, że świadomy byt można określić jako wolność. Co więcej, byt świadomy nieuchronnie różni się od bytu nieświadomego, innymi słowy od wszystkich innych bytów, ponieważ jako jedyny potrzebuje przedmiotu, aby istnieć (drzewo natomiast jest rzeczą, która potrzebuje tylko siebie, aby istnieć: nie jest drzewem czegoś). Wszakże, choć jest w świecie, świat nie utrwala świadomości jako rzeczy: jest ona "w świecie", ale nie "ze świata", jest w ciągłym stanie stawania się.

- Sartre inspirował się również **ontologią** (filozoficzną nauką o bycie takim, jakim jest) Martina Heideggera, jednego z kontynuatorów Husserla, którego praca Bycie *i czas* (*Sein und Zeit*, 1927) wpłynęła na *Bycie i nicość*. Dla Heideggera człowiek jest *Dasein*, jedynym bytem, który może kwestionować swoje istnienie. Nie odpowiada zatem swojemu bytowi, ale może się do niego odnieść; ta fundamentalna zdolność określa jego istnienie, które z kolei określa *Dasein*. Sartre wykorzystuje tę definicję i przeciwstawiając ją stałej, określonej istocie, wiąże ją z wolnością.

PROBLEM POPULARYZACJI

Aby wyprostować wszelkie nieporozumienia i naprawić zniekształcony obraz egzystencjalizmu, Sartre użył *Egzystencjalizmu i Humanizmu,* aby spróbować go uprościć i spopularyzować. Skupiając się jednak tylko na tym, co istotne, być może za bardzo skoncentrował się na tym, co opinia publiczna uznała za problematyczne, ze szkodą dla wszystkiego innego. Czyniąc swoje tezy bardziej zwartymi i przystępnymi oraz klasyfikując je do doktryny humanistycznej, możliwe, że zubożał głęboką myśl obecną w *Byciu i Nicości.*

Co więcej, Sartre szybko pożałował opublikowania retranskrypcji swojego wykładu i już w dyskusji, która się po nim bezpośrednio wywiązała, przyznał, że popularyzacja może osłabić jego tezy. "Czasami ludzie, którzy nie są w stanie w pełni zrozumieć moich tez, przychodzą zadawać mi pytania. Stawiam się zatem przed dwoma rozwiązaniami: odmówić odpowiedzi lub zgodzić się na dyskusję, wiedząc jednocześnie, że nastąpi pewien stopień popularyzacji."

Uzasadnia swój wybór tłumacząc, że osłabianie jakiejś myśli, by stała się zrozumiała, jak wtedy, gdy "teorie są wprowadzane na zajęciach z filozofii", nie musi być złe, a ponadto, że jeśli egzystencjalizm chce być postrzegany jako filozofia zaangażowana, musi wydać książki i stać się znany opinii publicznej.

ANALIZA

OD EGZYSTENCJALIZMU DO HUMANIZMU

Dla Sartre'a klasyczny humanizm sprowadza się do stwierdzenia "Człowiek jest wspaniały!" (p. 54). Używanie siebie jako przykładu doskonałości na podstawie pewnych wyjątkowych wyczynów jest absurdalne ("tylko pies lub koń byłby w stanie wypowiedzieć ogólny sąd o człowieku", s. 55): czynienie kultu pewnej idei człowieczeństwa prowadzi jedynie do humanizmu, który jest "zamknięty w sobie" (*tamże*).

To właśnie tę ideę humanizmu Sartre odrzuca. Odrzuca on tę ideę istoty i natury ludzkiej, którą można odnaleźć w humanizmie marksistowskim i chrześcijańskim, gdzie człowiek definiowany jest odpowiednio w odniesieniu do swojej praktyki społeczno-historycznej i w odniesieniu do swoich transcendentnych dążeń do boskości. Sartre w *Byciu i nicości* uznał, że człowiek rzeczywiście dąży do pewnego spełnienia, do stania się istotą doskonałą, ale to pragnienie jest iluzoryczne. Biorąc pod uwagę, że człowiek nigdy nie jest doskonały, to pragnienie daje mu "bezużyteczną pasję" i sprawia, że cierpi, ponieważ ciągle czegoś mu brakuje. Niemniej jednak sam Sartre odrzucił później tę pesymistyczną perspektywę.

Będąc więźniem stalagu (obozu jenieckiego w czasie II wojny światowej) w 1940 roku, Sartre doświadczył ludzkiej godności i braterstwa. Choć początkowo był upartym indywidualistą, zaczął zwracać się ku innym i nadawać znaczenie relacjom intersubiektywnym. *Egzystencjalizm i humanizm,* jako pierwszy dowód nowych pytań, które zaczął sobie zadawać po tym definiującym doświadczeniu, bez wątpienia stanowi punkt zwrotny w jego życiu intelektualnym.

Dla Sartre'a człowiek, który nie jest w stanie zrezygnować ze swojej wolności i swojego działania, nie może istnieć bez formowania siebie. W tym sensie "jest cały czas poza sobą" (s. 55) i poszukuje transcendentnych celów, aby nieustannie stawać się sobą. Cele te jednak zawsze znajdują się w obrębie ludzkiego rozumienia, w przeciwieństwie do boskiej transcendencji, którą chrześcijanie postrzegają jako coś ponad człowiekiem. To skojarzenie podmiotowości ludzkiego uniwersum z konstytutywną transcendencją to humanizm egzystencjalistyczny. Egzystencjalizm, na wzór ontologii Heideggera, przyznaje człowiekowi wyjątkowy status. W przeciwieństwie do materializmu (który jest zwłaszcza częścią doktryny marksistowskiej), nie czyni z człowieka jednego przedmiotu wśród wielu czy "zbioru z góry określonych reakcji" (s. 45), ale nadaje mu szczególny rodzaj godności. Człowiek jest wiecznym projektem, nie pozwala się utrwalić, zredukować ani zdeterminować, jest wolny: w konsekwencji egzystencjalizm jest humanizmem, ponieważ próbuje sprawić, by człowiek zobaczył siebie i skonfrontował się ze swoją wolnością i tym, czym naprawdę jest.

OPTYMIZM ZAANGAŻOWANIA

Marksiści krytykowali egzystencjalizm za to, że jest cichy i uniemożliwia człowiekowi działanie, przedstawiając go jako istotę targaną udręką, niezdolną do rozstrzygnięcia, czy dokonuje właściwego wyboru i czy doprowadzi on do rezultatu (co zdaje się oznaczać, że wszelkie zaangażowanie jest bezużyteczne). Choć prawdą jest, że ostatecznie nic nie może pomóc człowiekowi w podjęciu decyzji, Sartre odpiera zarzuty marksistów, podkreślając, że działanie jest konieczne, nawet jeśli wybór może wydawać się trudny.

Dla niego wybór jest częścią ludzkiej kondycji, tej części uniwersalności, którą wszyscy dzielimy. Nie możemy nie wybierać: odmowa wyboru jest nadal wyborem, ponieważ zakłada naszą akceptację obecnej sytuacji. Począwszy od Wyzwolenia Sartre prezentował się jako zaangażowany intelektualista, głosząc moralny obowiązek filozofów i pisarzy do zajęcia stanowiska wobec wydarzeń swoich czasów.

 ## ODRZUCENIE NAGRODY NOBLA

22 października 1964 roku Sartre, u szczytu sławy, odrzucił literacką Nagrodę Nobla. Był pierwszą osobą w historii, która odrzuciła takie wyróżnienie. Sartre, który dowiedział się o zamiarach Akademii Szwedzkiej jeszcze przed oficjalnym wręczeniem nagrody, zdecydował się 14 października napisać list do sekretarza Akademii, aby dać do zrozumienia, że "nie [chciał] być laureatem Nobla ani w 1964 roku, ani w przyszłości i że nie będzie mógł przyjąć takiego wyróżnienia" (cyt. w Pottier, 2015).

Decyzja jednak już zapadła i kiedy akademia potwierdziła swój wybór, by przyznać Nagrodę Nobla autorowi *Młodości*, Sartre nie zmienił swojego stanowiska.

Wskazał na swoją "wolność" i pozostał wierny swoim zasadom jako człowiek zaangażowany: "Głęboko żałuję, że ta sprawa przybrała tak skandaliczny wygląd: przyznano nagrodę i ktoś ją odrzucił [...] To, co zrobiłem, nie było czymś, co zaimprowizowałem na miejscu. Zawsze odrzucałem oficjalne wyróżnienia. [...] Pisarz musi więc odmówić przekształcenia w instytucję, nawet jeśli to przekształcenie przychodzi w najbardziej zaszczytnej formie, jak w tym przypadku" (cyt. w Clermont, 2014).

Kilka lat później wyjaśnił dziennikarzowi powody swojej odmowy: "Odrzuciłem literacką Nagrodę Nobla, ponieważ nie chciałem widzieć siebie konsekrowanego przed śmiercią. Żaden artysta, żaden pisarz, żaden człowiek nie zasługuje na poświęcenie przed śmiercią, bo ma [jeszcze] siłę i wolność, by wszystko zmienić. Nagroda Nobla wyniosłaby mnie na piedestał, podczas gdy ja jeszcze nie skończyłem dokonywać rzeczy, korzystać z wolności i działać, angażować się. Każde działanie byłoby potem daremne, bo byłoby już z góry uznane" (cyt. za: Lestienne, 1964).

W *Egzystencjalizmie i humanizmie* Sartre pokazuje, że egzystencjalizm robi wszystko, aby człowiek stanął przed koniecznością działania: człowiek jest tylko tym, co sam z siebie czyni, nie jest niczym więcej niż swoimi czynami. Nie określa go to, co mógł zrobić, marzenia i ambicje, których nie zrealizował. Niezrealizowany potencjał jest stracony i nic nie znaczy. Z drugiej strony, ponieważ jest sumą tego, co zrobił, jeden konkretny czyn nigdy nie może go całkowicie zdefiniować: popełnienie jednego aktu tchórzostwa jednego dnia, nawet jeśli jest ekstremalny, nadal nie czyni go tchórzem. Mimo pozornego pesymizmu egzystencjalizmu w rzeczywistości "żadna doktryna nie jest bardziej optymistyczna" (s. 44). Optymizm ten zapobiega redukowaniu się człowieka i narzekaniu na to, co mogłoby być (lub, co często się zdarza, wykorzystywaniu tego do pocieszania się w złej wierze).

Jeśli człowiek, będąc "skazany na wolność" (s. 34), nie jest ukształtowany przez swoje wybory i swoje czyny, to można im już nadać znaczenie jako punkt wyjścia dla systemu moralności. Moralność egzystencjalistyczna jest możliwa, ponieważ afirmuje wolność i osądza tych, którzy ją odrzucają (także tych, którzy twierdzą, że nie mogą jej realizować poprzez swoje wybory):

- Ponieważ ludzie są sami wobec absolutnej wolności, każdy indywidualny wybór dotyczy całej ludzkości ("należy zawsze zadać sobie pytanie, co by się stało, gdyby wszyscy zrobili tak, jak się robi", s. 30-31).

- Po uznaniu wolności za założyciela wszystkich wartości, moralny osąd byłby taki, że wolność musi być zawsze celem samym w sobie, a dzięki temu, że na każdej osobie spoczywa całkowita odpowiedzialność (ponieważ wolność każdej osoby pociąga za sobą wolność wszystkich), każdy człowiek dobrej woli nie może nie chcieć wolności innych.

- Moralność egzystencjalistyczna ma zatem pewną uniwersalność (z wolnością jako celem), ale musi pozostać moralnością konkretną, dostosowującą się do poszczególnych przypadków. Moralność kantowska, w której dążenie do wolności oznacza również dążenie do wolności innych, ogranicza się do uznania, że działanie powinno służyć dobru wszystkich i być powszechnie stosowane, aby było moralne. Ponieważ jest ona czysto formalna, odpada w pewnych konkretnych sytuacjach, takich jak dylemat studenta (patrz "Postulat wyboru"). Ponieważ żaden z dwóch wyborów (porzucenie albo matki, jeśli pomoże swojemu krajowi, albo swojego kraju, jeśli pomoże swojej matce) nie jest powszechnie obowiązujący, żaden z nich nie respektuje kantowskiego kodeksu moralnego. Moralność egzystencjalistyczna natomiast nakazuje, by każdy przypadek rozpatrywać oddzielnie: chodzi o poszukiwanie "wolności, która w odniesieniu do konkretnych okoliczności nie może mieć innego końca i celu, jak tylko siebie samą" (s. 51). Zadaniem każdego człowieka jest stworzenie własnego rozwiązania w obliczu konkretnego problemu moralnego.

Egzystencjalistyczna wizja człowieka daje mu absolutną, nieuniknioną wolność. Może on być pesymistą i nie posunąć się dalej niż dręczenie się niepewnością swoich wyborów, albo może zdać sobie sprawę, że skoro jest przez nie kształtowany, są one jego jedyną nadzieją. W tym sensie egzystencjalizm staje się "optymistyczną […] doktryną działania" (s. 56).

SPÓJNY ATEIZM

Punktem wyjścia sartrejskiego egzystencjalizmu jest nieistnienie Boga; według Sartre'a "Egzystencjalizm to nic innego jak próba wyciągnięcia pełnych konsekwencji ze spójnego stanowiska ateistycznego" (*tamże*). Wywodzi się to z obserwacji Dostojewskiego (rosyjski powieściopisarz, 1821-1881), że "Gdyby Bóg nie istniał, wszystko byłoby dozwolone" (s. 33). Porzucenie, o którym mówił Sartre, to nieobecność Boga, a przede wszystkim konsekwencje tej nieobecności: nie ma już stałych wartości o boskiej racji, a zatem człowiek jest ich jedynym źródłem. Wartości, które wybiera, nie są nigdzie wpisane i nigdy nie są ostateczne, nic też nie zmusza już ludzi do ich respektowania. Sam wybiera swoje wartości, ponieważ nie jest już usprawiedliwiony przez Boga.

Porzucenie implikuje przygodność – czyli wolny, niekonieczny charakter – ludzkiego istnienia. Udręka, pojęcie, które Sartre zapożycza od Kierkegaarda, jest drzwiami prowadzącymi do odkrycia tej przypadkowości, kiedy ją odczuwamy. W przeciwieństwie do zwykłego strachu, udręka dotyczy zawsze nas samych, a nie czegoś zewnętrznego: na przykład zawroty głowy są rodzajem udręki. Boimy się nie tyle pustej przestrzeni, co faktu, że moglibyśmy dość łatwo rzucić się w nią, mimo wszelkich powodów, jakie moglibyśmy wymyślić, by się od tego odwieść. Zdajemy sobie sprawę, że postawa, która pozwala nam pozostać przy życiu (nie rzucając się w pustkę) jest warunkowa (może się zdarzyć lub nie).

To samo dzieje się z każdym wyborem: udręka jest lękiem przed możliwościami, przed tym, co moglibyśmy zrobić, przed naszą wolnością (ponieważ każda możliwość jest warunkowa, a w stanie rezygnacji dopuszczalna) i przed naszą odpowiedzialnością w obliczu wyboru. Niemniej jednak udręka nie jest przeszkodą w działaniu; jest ona nieunikniona, ponieważ towarzyszy wszelkiej świadomości odpowiedzialności.

Sartre uważa egzystencjalizm ateistyczny, nurt, do którego się zalicza, za bardziej spójny niż egzystencjalizm Kierkegaardiański i chrześcijański, ponieważ wyeliminowanie Boga sprowadza człowieka do jego przygodności: dopóki istnieje Bóg, człowiek nie może prawdziwie wierzyć, że jest wolny.

DALSZA REFLEKSJA

KILKA PYTAŃ DO PRZEMYŚLENIA...

- W jaki sposób zła wiara może doprowadzić do oceny moralnej? Rozwiń swoją myśl, posługując się przykładami.

- Wyjaśnij, w jakim sensie moralność egzystencjalistyczna jest moralnością twórczą.

- Twoim zdaniem, dlaczego Sartre twierdzi, że kult człowieczeństwa "kończy się w […] faszyzmie" (s. 55)?

- W jaki sposób, Twoim zdaniem, relatywizm egzystencjalistyczny może okazać się niebezpieczny?

- Wyjaśnij, jak pojęcia "porzucenie", "udręka" i "rozpacz" mogą mieć tyle samo pozytywnych aspektów, co negatywnych.

- Co sądzisz o ideach Sartre'a dotyczących popularyzacji i zaangażowania?

- Porównaj definicję świadomości Husserla z wizją człowieka Sartre'a.

- Wyjaśnij to słynne zdanie: "istnienie poprzedza istotę" (s. 28). Camus to również myśliciel egzystencjalistyczny. Porównaj jego myśl z myślą Sartre'a.

- Jaki był kontekst polityczny tego tekstu w momencie jego publikacji? Wyjaśnij.

DALSZE CZYTANIE

WYDANIE REFERENCYJNE

Sartre, J.P. (1948) *Egzystencjalizm i humanizm*. Trans. Mairet, P. London: Meuthen & Co. Ltd.

OPRACOWANIE ŹRÓDŁOWE

Flood, A. (2015) Jean-Paul Sartre odrzucił nagrodę Nobla w liście do jury, który dotarł zbyt późno. *The Guardian*. [dostęp 9 marca 2017]. Dostępny w: < https://www.theguardian.com/books/2015/jan/05/sartre-nobel-prize-literature-letter-swedish-academy>

Chcemy usłyszeć od Ciebie, co się dzieje!
Zostaw komentarz na temat swojej internetowej biblioteki
i podziel się swoimi ulubionymi książkami w mediach społecznościowych!

www.50minutes.com

Master ISBN: 9782808693738
Papierowy ISBN: 9782808615136
Depozyt prawny: D/2023/12603/1793

Verhaal: © Primento

Projekt cyfrowy: Primento, cyfrowy partner wydawców.